DIE REIHE
Archivbilder

WIEN-
MARGARETEN

Margaretner Wohnhaus mit typischem Pawlatschengang vor dem Ersten Weltkrieg.

DIE REIHE
Archivbilder

WIEN-
MARGARETEN

Dagmar Spitznagl

SUTTON
VERLAG

Sutton Verlag GmbH
Hochheimer Straße 59
99094 Erfurt
www.suttonverlag.de

Copyright © Sutton Verlag, 2002

ISBN 978-3-89702-473-1

Druck: Books on Demand GmbH, Norderstedt, Deutschland

Das Umschlagfoto zeigt Schüler beim Betreuen eines Kleingartens auf dem Gelände des Matteottihofes, um 1918.

Der Metzleinstaler Hof war der erste Gemeindewohnbau Wiens nach dem Ersten Weltkrieg.

Inhaltsverzeichnis

Literatur- und Bildnachweis

Czeike, Felix: Historisches Lexikon Wien. Wien 1992
Mayer, Wolfgang: Wiener Bezirkskulturführer. V. Margareten. Wien 1982
Mayer, Wolfgang: Margareten – sechs Vorstädte – ein Bezirk. Wien 1992

Das Bildmaterial stammt mit Ausnahme der unten angeführten Fotos aus dem Archiv des
 Bezirksmuseums Margareten.
Bundesgymnasium und Bundesrealgymnasium Rainergasse: S. 37 unten,
Familie Jerabek: S. 32 unten, S. 45 unten, S. 90 oben, S. 93 unten, S. 94 oben,
Familie Reichl: S. 71 oben,
Familie Schabmann: S. 30 unten, S. 35 oben, S. 71 unten,
Steininger, Brigitte: S. 28 oben,
Wahringer, Hermine: S. 91 unten,
Wiener Stadt- und Landesarchiv: S. 39 unten, S. 40 oben, S. 47 oben, S. 51 oben,
Wimmer, Kurt: S. 66 unten, S. 67 unten.

Bezirksvorsteher Rister (ganz rechts) gratuliert dem Jubelpaar Stubenvoll, wohnhaft in der Zenta-
gasse, zum seltenen Fest der Diamantenen Hochzeit am 28. September 1930. Der Name Leopold
Rister war im Bezirk untrennbar mit den Aufbauleistungen des „Roten Wien" verknüpft. Er hin-
terließ ein reichhaltiges Bildmaterial, das zum Teil in diesem Band verwendet wurde.

Einleitung

Am 8. Oktober 1861 beschloss der Wiener Gemeinderat die Teilung des bevölkerungsmäßig stark entwickelten 4. Bezirks und genehmigte damit die Vereinigung der damaligen Vorstädte Margareten, Hundsturm, Laurenzergrund, Matzleinsdorf, Nikolsdorf, Reinprechtsdorf sowie von kleineren Teilen von Hungelbrunn und der Wieden zu einem selbstständigen Bezirk.

Damit war Margareten, der neue 5. Wiener Gemeindebezirk, geschaffen. Am 18. Juni 1862 wurden die neugewählten Bezirksvertreter und die Ausschüsse feierlich eingesetzt. Der erste Margaretner Bezirksvorsteher war der Grundrichter und Apotheker Eduard Brandmayer (1862-1875).

Die älteste Besiedlung auf dem Gebiet des heutigen 5. Bezirks geht ins 12. Jahrhundert zurück und entwickelte sich entlang der Wiedner Hauptstraße. Hier lag das Schmalangerdorf Matzleinsdorf. Weitere Siedlungen entstanden am Wienfluss und um einen befestigten Gutshof (Margareten) an der Kreuzung eines Feldwegs mit einem von einer Wienflussfurt kommenden Verkehrsweg. Noch im 17. Jahrhundert befanden sich im Bezirk zwischen den besiedelten Gebieten ausgedehnte landwirtschaftlich genutzte Flächen, sogar Wein- und Küchengärten. Gab es nach dem Bau des Linienwalls nur zwei Linientore (beim Matzleinsdorfer Platz und bei der Schönbrunner Straße), wurden in der Josephinischen Zeit Durchzugs- und Aufschließungsstraßen angelegt. In den Jahrzehnten von der Bezirksgründung bis zum Beginn des 20. Jahrhunderts vollzog sich dann der Wandel der ländlichen Vorstädte zum immer dichter verbauten Großstadtbezirk.

Die nach 1860 in Wien einsetzende Industrialisierung ließ Menschen herbeiströmen, auf der Suche nach Arbeit und einem besseren Leben. Auch in Margareten wurden Gärten, Wiesen und Felder verbaut, alte Häuser abgerissen, neue Wohnhäuser und Betriebe errichtet. Die Einwohnerzahl und die Zahl der Häuser stiegen in der Gründerzeit stetig an. Zählte man bei der Schaffung des Bezirks rund 66.000 Einwohner, so überschritt die Bevölkerung im Jahre 1900 erstmals die Hunderttausendgrenze (106.000) und erreichte auch 1910 ungefähr die gleiche Höhe (104.000). Seit 1920 sinkt die Bevölkerungszahl stetig, 1971 zählte Margareten etwa 60.000 Bewohner, 2000 nur mehr 50.000.

Margareten war zu allererst ein Handwerksbezirk. Hier waren die Bernstein- und Meerschaumdrechsler und die Pfeifenschneider zu Hause. Billige Fabrikerzeugnisse wurden später eine harte Konkurrenz, und bald wurde aus einem Handwerker- ein Arbeiterbezirk. Dem Strukturwandel trug man auf verschiedenen Gebieten Rechnung. Neben sozialen Verbesserungen (Errichtung eines Armen- und Waisenhauses, Eröffnung des Hartmannspitals, Bau des Margaretenbades) markierte die Erteilung der Konzession für eine Pferdestraßenbahn den Beginn des öffentlichen Massenverkehrs, der durch den Bau der Stadtbahn einen ersten Höhepunkt erlebte.

Nach dem Ersten Weltkrieg kaufte die Stadt Wien den so genannten Draschegürtel, der sich auch über Margaretner Gebiet erstreckte, an und verbaute ihn. Hier im 5. Bezirk entstanden die ersten bedeutenden Gemeindewohnbauten des „Roten Wien". Wohnbauanlagen wie der Metzleinstaler Hof – er war der erste Wohnhausbau der Gemeinde Wien –, Reumannhof, Julius-Popp-Hof, Herweghhof, Matteottihof, Julius-Ofner-Hof oder Franz-Domes-Hof fanden internationale Beachtung, brachten sie doch völlig neue Gesichtspunkte hinsichtlich Wohnungsgrundriss, Bauplanung, Belichtung und Ausstattung der Wohnungen, Verbauungsgrad und Grünflächen in den bisher nach anderen Interessen ausgerichteten Wohnungsbau mit seinen unschönen Zinskasernen.

Die Nähe des Matzleinsdorfer Frachtenbahnhofes brachte es mit sich, dass der 5. Bezirk im Zweiten Weltkrieg durch Bombenangriffe arg in Mitleidenschaft gezogen wurde. Trotzdem war Margareten nach Kriegsende als erster Bezirk schuttfrei. Es konnte mit dem Wiederaufbau begonnen werden.

In der Folge entwickelte sich im 5. Bezirk eine starke kommunale Bautätigkeit; vor allem die Verbauung des ehemaligen Heu- und Strohmarktes stellte mit ihrem weithin sichtbaren Hochhaus ein Beispiel des neuen Baustils dar, der sich von der früher üblichen Wohnblockbauweise mit großen Innenhöfen loslöste und bei einer aufgelockerten Bauweise mit Einzelhäusern den günstigeren Belichtungsmöglichkeiten Rechnung tragen konnte.

Große Verkehrsbauten, wie die Straßenbahntiefführung am Gürtel, die Errichtung des Knotens Matzleinsdorfer Platz und der Ausbau des Gürtels als Schnellstraße folgten.

Anfang der Sechzigerjahre machte die Überalterung des Hausbestandes im Bezirk Probleme. Immer mehr Menschen waren bestrebt, den Bezirk zu verlassen, um in größere Wohnungen in grüner Umgebung am Stadtrand zu übersiedeln. Die Stadterneuerung zählte daher in den nächsten Jahrzehnten zu den vorrangigen Zielen. Auch die Gemeindebauten am Gürtel wurden saniert und auf den modernsten Wohnbaustandard gebracht. Auf dem Areal Arbeiter- und Brandmayergasse eröffnete 1990 ein Pensionistenwohnheim, das über eine beachtliche Infrastruktur verfügt. An Stelle des ehemaligen Margaretenbades wurde 1989 ein modernes Freizeitbad in Betrieb genommen. Außerdem gelang es einer Gruppe von Kinobegeisterten um die Betreiber des Filmhauses Stöbergasse, das Filmcasino in der Margaretenstraße 78 zu retten. Fast das gesamte Bezirksgebiet ist mit Ausnahme der Durchzugsstraßen verkehrsberuhigt worden. Auch das Parkplatzproblem entschärfte sich durch die Einführung der Parkraumbewirtschaftung weitgehend. Ebenfalls konnten alle öffentlichen Parkanlagen einer gründlichen Modernisierung unterzogen werden.

Die vorliegende Bilddokumentation beabsichtigt, die Entwicklung des 5. Bezirks im Zeitraum zwischen 1880 und 1960 in ungefähr 175 Fotografien und Postkarten zu vergegenwärtigen. Die Gliederung in die einzelnen Kapitel ergab sich zwingend aus der Entstehung des Bezirks aus ehemaligen Vorstädten. Die Bilder zeigen die Lebensverhältnisse und das Alltagsleben der Menschen sowie die baulichen Veränderungen, wobei der tief greifenden Verbesserung der tristen Wohnverhältnisse durch die Gemeindebauten des „Roten Wien" vermehrte Beachtung geschenkt wurde.

Abschließend möchte ich meinem Mann, dem Leiter des Bezirksmuseums Margareten, Herrn Mag. Heinrich Spitznagl für die Unterstützung herzlich danken.

Mag. Dagmar Spitznagl

1

Margareten

Margareten wurde erstmals 1373 genannt. Der im Gegensatz zum „Oberen Hof" auf der Höhe des Wienerberges als „Niederer Hof" bezeichnete Margaretner Gutshof, der sich später zum Schloss wandelte, lag an der Südseite des heutigen Margaretenplatzes zwischen Schloss- und Hofgasse. Er bildete den Ausgangspunkt der in den Türkenkriegen zerstörten Siedlung. Den Namen erhielt diese Vorstadt nach einer der heiligen Margarete von Antiochia geweihten Kapelle. 1727 erwarb die Gemeinde Wien das Gebiet.

Vom Margaretenplatz aus entwickelte sich die Vorstadt Margareten, denn hier (Nr. 2 und 3, rechts die beiden letzten Häuser) stand der „Niedere Hof", das spätere Schloss Margareten, das heute nur mehr in Teilen vorhanden ist. Das östlich den rechteckigen Platz abschließende, 1898 von Architekt Ferdinand Seif erbaute, monumentale palaisartige Miethaus (Strobachgasse 2) erinnert an venezianische Stadtpaläste.

Als Dank für die von Kaiser Franz 1829 gestattete Benützung der Hofwasserleitung ließen die Mitglieder der Vorstadt Margareten diesen Brunnen 1835/36 vor dem Haus Margaretenplatz 3 errichten. Im Zuge einer Regulierung des Margaretenplatzes 1886 wurde der Brunnen auf die heutige Stelle versetzt. Die von Johann Nepomuk Schaller modellierte Statue stellt die über den Drachen triumphierende heilige Margarete dar.

Der auf Gründen des 1883 demolierten Margaretner Brauhauses entstandene Margaretenhof wurde um die Jahrhundertwende an seiner platzseitigen Front mit einer geschlossenen Veranda versehen, die als Terassenkaffeehaus diente (1910).

Der Komponist Thomas Koschat (1845-1914) mit seinem „Kärntner Quintett".

Tausende Wiener eilten am 11. Mai 1924 zur Enthüllung der Gedenktafel für Thomas Koschat an seinem Wiener Wohnhaus in der Strobachgasse 2, anlässlich des zehnten Jahrestages seines Todes.

Die Kur- und Badeanstalt Margaretenbad in der Strobachgasse 7-9 wurde 1871 von Architekt August Weber (dem Erbauer des Künstlerhauses) und Baumeister Felix Mayer errichtet. Nach dem Abbruch des Gebäudes konnte 1989 ein Erlebnisbad eröffnet werden.

Innenansicht des Margaretenbades. Das Schwimmbad war ganzjährig geöffnet und bot außerdem noch Dampf- und Heißluftbäder sowie Wannenbäder an. Es konnte wochentags außer an Montagen täglich von 9 bis 18 Uhr, an Samstagen von 8 bis 18 Uhr und an Sonntagen von 7.30 bis 11.30 Uhr besucht werden.

Waldemar Richard (1869-1946) wurde in der Wehrgasse 22 geboren. Der Schauspieler, ein genialer Komiker, spielte unter anderem mit Kainz, Girardi und Hedwig Bleibtreu. Sein Wirken ist mit der Entwicklung der Wiener Operette eng verbunden. Die Aufnahme zeigt Waldemar mit Mizzi Zwerenz in dem Stück „Der Jolly-Joker", 1932.

Beschäftigte einer Tabaktrafik in der Kettenbrückengasse posierten für ein Foto vor dem Laden, um 1900.

13

Walzerseligkeit pries das Wandgemälde in Josef Görichs Restaurant „Zur goldenen Glocke" in der Schönbrunner Straße 8, 1927.

Das „Café Rüdigerhof" in der Hamburgerstraße 20 befindet sich in dem gleichnamigen sezessionistischen Wohnhaus.

Ernst Arnold (1890-1962) starb in der Hamburgerstraße 20. Der Komponist, Wienerliedtexter und Wienerliedsänger komponierte rund 800 Lieder, von denen sich viele großer Beliebtheit erfreuten. Mit „Da draußen in der Wachau" und „Du, nur Du" erzielte er Welterfolge. Die Aufnahme entstand 1927.

Das 1903 aufgenommene Bild zeigt die Architektin Margarete Schütte-Lihotzky mit ihren Eltern und ihrer älteren Schwester Adele. Die Familie wohnte in der Hamburgerstraße 14.

Margarete Schütte-Lihotzky (1897-2000) studierte als erste Frau in Österreich Architektur und entwickelte die weltweit bekannte „Frankfurter Küche". Als Kommunistin und Widerstandskämpferin gegen den Nationalsozialismus entging sie nur knapp der Hinrichtung.

Blick durch das Eingangstor des Hauses Margaretenstraße 82 in den Innenhof, wo sich eine „Caffee-Brennerei" befand, um 1898.

Das 1894 entstandene Bild zeigt die ehemalige Chinasilberwarenfabrik J.L. Herrmann in der Margaretenstraße 105 und eine alte Schmiede im Haus Nummer 107.

Das Haus mit der Holz- und Kohlenhandlung in der Ziegelofengasse 20 wurde 1927 abgetragen.

Im Hof Schlossgasse 3 steht ein denkmalgeschützter Maulbeerbaum. Er erinnert daran, dass sich im ehemaligen Schlossgarten die erste Maulbeerbaumschule Wiens befand. Die Aufnahme entstand um 1930.

Das 1941 entstandene Foto lässt den Blick in den grünen Innenhof der Schlossgasse 4 wandern.

18

Diese Korrespondenzkarte zeigt die Schlossgasse vom Mittersteig aus gesehen, um 1880.

Der Hof eines alten Vorstadthauses in der Gartengasse 3 wurde 1901 aufgenommen.

19

Der renovierungsbedürftige Innenhof des Hauses Gartengasse 5 bot Platz zum Aufhängen von Wäsche, 1962.

Der Blick richtet sich auf die Einfahrt des Hauses Gartengasse 11. Der Zugang zu den Wohnungen im ersten Stock ist über einen hofseitigen Gang möglich, 1962.

Die Wohnungen im Obergeschoss der Gartengasse 5 waren vom Innenhof über Pawlatschengänge zugänglich.

An Stelle einer 1898 errichteten Barackenkirche der „Franziskanerinnen von der ewigen Anbetung des Allerheiligsten Sakraments" errichtete man 1911/12 nach Entwürfen von Josef Schmalzhofer den Kirchenneubau im Stile der Neorenaissance.

Die verfallene Umgebung im Hof der Gartengasse 23 stört die Kinder beim Spielen keineswegs. Sie fühlen sich in der „Mistkübelriviera" sehr wohl, um 1960.

Vor dem Spitalsgebäude des Kaufmännischen Spitals in der Siebenbrunnengasse 21 befand sich ein liebevoll gestalteter Garten, aufgenommen vom Garteneingang, um 1907.

Die erst in der zweiten Hälfte des 19. Jahrhunderts verbaute Pilgramgasse stellt eine wichtige Verbindung vom Margaretenplatz zum 6. Bezirk dar, um 1900.

Hausfassaden, wie diese der Pilgramgasse 6, dienten auch schon Ende des 19. Jahrhunderts als Plakatwände für Werbezwecke.

Menschenmassen verabschiedeten den „alten 13er" …

… und begrüßten den „neuen 13er", 1961.

Im Zuge der 1895 bis 1898 errichteten Wientallinie der Stadtbahn erbaute Otto Wagner die Stationsgebäude. Mit der Einbeziehung der Stadtbahn in die U-Bahn-Planung konnte bis 1981 die U4 vom Karlsplatz nach Hütteldorf ausgebaut werden, 1904.

Der Blick führt von der Stadtbahnstation Pilgramgasse in Richtung Innenstadt. Die Wientallinie der Stadtbahn wurde 1925 elektrifiziert.

Die Pilgrambrücke/Rechte Wienzeile war ein Knotenpunkt zweier Straßenbahnlinien, die die Pilgramgasse entlang fuhren, die Linie 3 bis zum Margaretenplatz, die Linie 61 bis zum Südbahnhof.

Die beiden Otto-Wagner-Schüler Hubert und Franz Gessner erbauten 1909 das Büro- und Druckereigebäude der Druck- und Verlagsanstalt „Vorwärts". Jeweils an den Seiten des Dachgeschosses sind zwei von Anton Hanak 1910 geschaffene Sandsteinfiguren, die einen Arbeiter und eine Arbeiterin darstellen, angeordnet.

Die Rechte Wienzeile wurde um die Jahrhundertwende verbaut. Im Haus Nummer 93 (ganz links) kam der Volksschauspieler Hans Moser am 6. August 1880 als Jean Julier und im Haus Nummer 101 (ganz rechts) der Filmschauspieler und Regisseur Willi Forst am 7. April 1903 als Wilhelm Fross zur Welt. An Stelle der Geburtshäuser befindet sich dort nun ein großer Hotelbau.

Willi Forst (1903-1980) war Schauspieler, Regisseur, Filmautor und Produzent. Der Durchbruch gelang ihm erst mit dem Tonfilm, weil hier seine wohlklingende Stimme zum Tragen kam. Sein Name ist untrennbar mit dem Erfolg des Wiener Films der Zwischenkriegs- und Kriegszeit verbunden.

Um fünf Heller konnte diese typische Grußpostkarte von Wien nach Teplitz-Schönau gesandt werden. Die Abbildung zeigt Josef Hammerschmids Restaurant „Zum rothen Stern" in der Wienstraße 59.

Mit wildem Wein umrankter Gartenhof in der Wienstraße 8, heute Rechte Wienzeile, um 1905.

Geschäftiges Treiben auf der Schönbrunner Straße, aufgenommen um 1905.

Die Pfarrkirche Zum hl. Josef in der Schönbrunner Straße 50 wurde 1765 bis 1769 vom Baumeister Franz Duschinger erbaut. Die zunächst für die Pfründner des Sonnenhofes erbaute Kirche wurde 1871 restauriert und 1911/12 erweitert. Am 21. November 1828 wurde in der Josefskirche der Leichnam des in der Kettenbrückengasse 6 verstorbenen Komponisten Franz Schubert eingesegnet. Eine Gedenktafel erinnert daran.

Das 1867 bezogene Amtshaus in der Schönbrunner Straße 54 wurde 1893 bis 1895 so adaptiert, dass auch das Magistratische Bezirksamt untergebracht werden konnte. 1966 erfolgte eine gründliche Restaurierung unter der Leitung der Architektin Herta Pella. Im Amtshaus ist auch das Bezirksmuseum Margareten beheimatet.

Fröhliche Hochzeitsgesellschaft vor dem Amtshaus (links im Hintergrund), in dem auch das Standesamt untergebracht ist. Die Aufnahme entstand um 1961.

2

Nikolsdorf und Laurenzergrund

Die zwischen 1555 und 1568 gegründete Vorstadt Nikolsdorf leitet ihren Namen entweder vom Erzbischof Nikolaus Olai, vom Nonnenkloster St. Nikolai in der Singerstraße oder vom gleichnamigen Mutterkloster vor dem Stubentor ab. 1727 gelangte sie durch Kauf an die Gemeinde Wien. 1533 vereinigten sich die Nonnen von Maria Magdalena vor dem Schottentor mit den Laurenzerinnen, und es entstand an der Laurenzgasse südlich der Wiedner Hauptstraße die Vorstadt Laurenzergrund. Sie wurde 1806 von der Gemeinde Wien angekauft.

Anlässlich des 60-jährigen Regierungsjubiläums von Kaiser Franz Joseph ließ der Tempelbauverein für den 4. und 5. Bezirk nach Plänen des Architekten Jakob Gartner von 1908 bis 1910 die Synagoge in der Siebenbrunnengasse 1a errichten. Sie bot im Parterre 272 Sitzplätze für Männer und auf der Empore 173 Sitzplätze für Frauen.

In der Nikolsdorfergasse 8 befand sich das 1867 gegründete Institut Liste, eine Lehr- und Erziehungsanstalt für Mädchen. Ziel der Anstalt war es, heranwachsenden Mädchen eine gediegene Geistes- und Herzensbildung zu vermitteln. Die Aufnahme entstand im Jahre 1895.

Für besondere Anlässe war die Kunst des Fotografen gefragt. Das Hochzeitsfoto des Ehepaares Jerabek, die in der Hartmanngasse wohnten, wurde 1905 aufgenommen.

Das Klosterspital der Barmherzigen Schwestern vom III. Orden des heiligen Franz von Assisi befindet sich in der Hartmanngasse 7-11. Das große späthistorische Gebäude mit rechteckigem Hof wurde von Hofbauinspektor Seitschek und Stadtbaumeister Krombholz zwischen 1888 und 1891 errichtet. Im großen dreigeschossigen Dachgiebel befindet sich eine Statue des heiligen Franziskus.

Helene Kafka war unter dem Namen Schwester Maria Restituta Ordensfrau der Barmherzigen Schwestern und Operationsschwester. Wegen „Feindbegünstigung und Vorbereitung zum Hochverrat" wurde sie 1943 von den Nationalsozialisten hingerichtet und 1998 selig gesprochen.

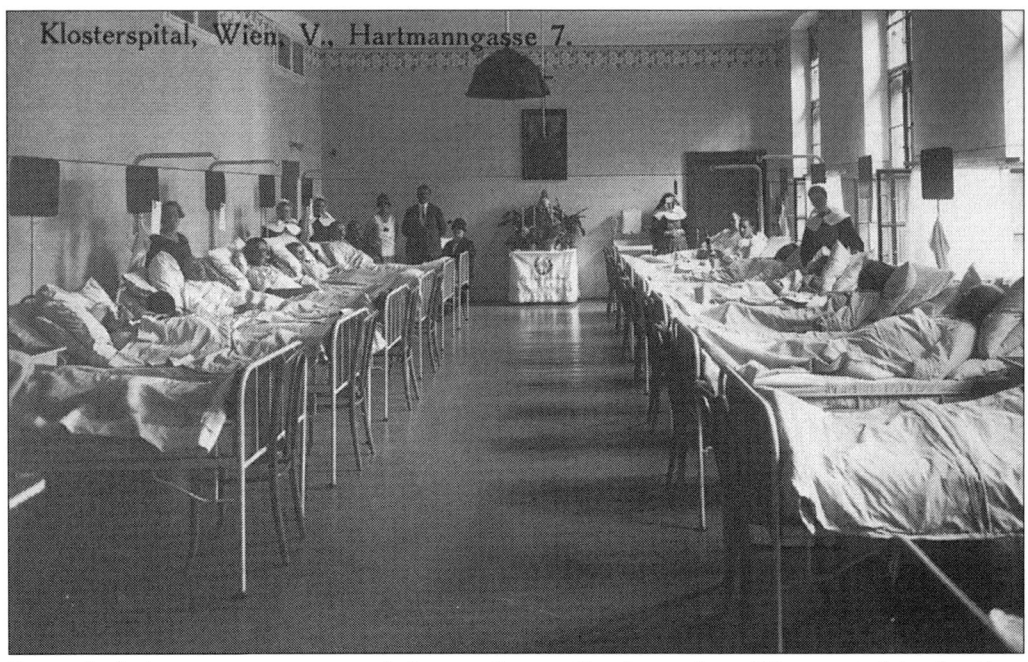

Klosterspital, Wien, V., Hartmanngasse 7.

Diese Aufnahme zeigt einen peinlichst gepflegten Krankensaal im Klosterspital in der Zwischenkriegszeit.

Die Fotografie lässt uns einen Blick in das Krankenzimmer Nr. 12 im Klosterspital werfen, um 1930.

Selbstbewusste Tischlergesellen ließen sich um 1930 vor ihrer Tischlerei am Mittersteig abbilden.

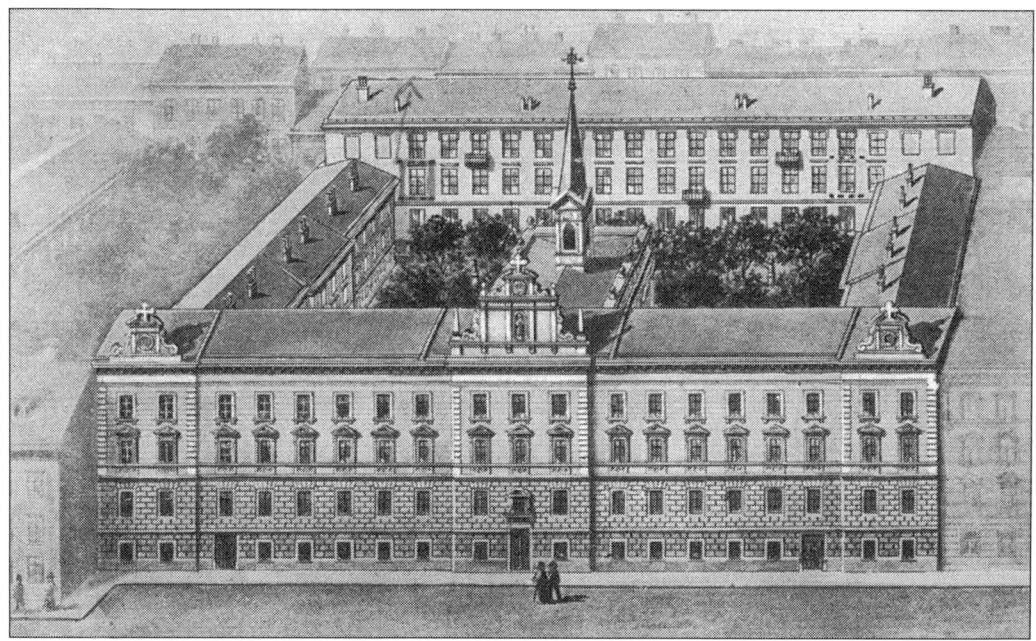

Eine Patientin verschickte 1926 diese Postkarte anlässlich ihres Krankenaufenthaltes.

Das ehemalige k. u. k. Bezirksgericht Wien Margareten am Mittersteig 25 dient heute als Sonderstrafanstalt. Das Bauwerk wurde zwischen 1908 und 1912 von der Union Baugesellschaft unter der Leitung von Kramsall erbaut, besteht aus einem Straßentrakt mit Amtsräumen und einem Hoftrakt mit Arrestzellen. Die Aufnahme stammt aus dem Jahre 1960.

Werbewirksam bot das Geschäft „Ferdinand Fischer" am Mittersteig 21 seine Waren auch an der Hausfassade zum Kauf an.

Die 1878 als Elisabethgymnasium gegründete Anstalt fand ihre Heimat in dem in den Jahren 1893/94 Ecke Rainer- und Kriehubergasse errichteten Gebäude. Wegen der außerordentlichen Frequenz der Schule – sie hatte 1928 bereits 800 Schüler – wurde das Gebäude in den Jahren 1928/29 durch Aufstockung um zwei Stockwerke erweitert.

Das obligate Foto zum Abschluss der Schulzeit zeigt den Maturajahrgang 1914 des Gymnasiums Rainergasse.

Gerne ließen sich Besitzer, Beschäftigte und Gäste ablichten, wenn der Fotograf ein Motiv für eine Grußkarte benötigte.

Dieser Torso einer Johannesstatue wurde im Hof des Hauses Laurenzgasse 14 entdeckt und 1955 renoviert.

Der Fotograf gewährt mit der Aufnahme von 1901 einen Blick in den Hof des Hauses Laurenzgasse 22.

Auch das Gebäude der WÖK in der Laurenzgasse 1 war durch den Krieg schwer beschädigt worden. Die Aufnahme entstand 1952.

Die Aufbauarbeiten im Hause der WÖK gingen rasch voran, wie diese Aufnahme von 1952 zeigt.

Kein ungewöhnlicher Anblick im Jahre 1946, auf dem Foto ist die Kliebergasse zu sehen.

Eine wichtige Verkehrsmaßnahme war der Bau der teilweise unterirdischen Straßenbahnführung von der Eichenstraße über den Matzleinsdorfer Platz Richtung Oper. Das Foto zeigt die Kliebergasse in den Sechzigerjahren.

Fuhrmann Josef Dietrich, der wegen seiner großen Verdienste als Armeelieferant während der napoleonischen Kriege geadelt worden war, besaß in Matzleinsdorf drei Häuser (Matzleinsdorfer Straße 49-51, heute Wiedner Hauptstraße 123-127) mit einem großen Garten, in dem sich ein Jagdschlösschen befand. Die Korrespondenzkarte entstand um 1900.

Das 1847 nach seinem damaligen Besitzer Fürst Johann Sulkowsky benannte Privattheater ist hier auf einer Ansichtskarte um 1900 zu sehen. Vor allem junge Künstler unterhielten die Vorstädter mit klassischen Werken oder lustigen Possen. Hier trat unter anderem der Schauspieler Josef Kainz erstmals auf der Bühne auf. Das Theater stellte 1895 seinen Betrieb ein und wurde 1908 demoliert.

Die Aufnahme zeigt Josef Maria Sulkowsky (1848-1920) als Schüler des Theresianums in den Sechzigerjahren des 19. Jahrhunderts.

3

Matzleinsdorf

Matzleinsdorf, die 1130 bis 1136 erstmals genannte Vorstadt, entwickelte sich entlang einer bereits im Mittelalter angelegten Fernverkehrsstraße über den Wienerberg im Bereich der heutigen Wiedner Hauptstraße. Sie lag zwischen der ehemaligen, 1965 demolierten Florianikirche und dem Linienwall. Der Name dieser mehrmals heimgesuchten Vorstadt geht auf einen Mazilo, den Gründer dieser Siedlung, zurück. 1727 kam Matzleinsdorf durch Kauf an die Stadt Wien.

Die Aufnahme zeigt den Bereich des Matzleinsdorfer Platzes um 1880 mit der nach der Wende vom 19. zum 20. Jahrhundert abgebrochenen Matzleinsdorfer Linienkapelle und dem Mauthaus, in dem die Verzehrsteuer eingehoben wurde. Diese war eine indirekte Konsumsteuer, die am Linienwall zu bezahlen war.

Am Matzleinsdorfer Platz bündelten sich vier Straßenbahnen: Linie 65, Linie 62, Linie 6 und Linie 18. Nach dem Zweiten Weltkrieg begann ein grundlegender Umbau des schwierig zu regelnden Verkehrsknotenpunktes. Die um 1955 entstandene Aufnahme zeigt den Matzleinsdorfer Platz nach der ersten Umbaustufe, die 1951 mit der Straßenunterführung abgeschlossen wurde.

In den Sechzigerjahren wurde die zweite Ausbaustufe durchgeführt: die Tieferlegung der Straßenbahnlinie und die Verbreiterung der Straßenunterführung auf vier Fahrspuren.

Die „Matzleinsdorfer Gaudebrüder" sorgten für Stimmung und Geselligkeit in Margareten.

Zu den Sportklubs in Margareten zählte der „Margaretner Ballspielklub", um 1930.

Von der Winterhilfe wurde auch im Jahre 1937 eine großzügige Gulasch- und Tee-aktion für Bedürftige durchgeführt. Soldaten des Bundesheeres verteilten am 24. und 25. Dezember Gulasch und Brot. Die Aufnahme zeigt die Gulaschkanone auf dem Matzleins-dorfer Platz.

Wie aufgefädelt standen Pferdefuhrwerke am Margaretengürtel, wie die Aufnahme aus dem Sommer 1936 zeigt.

In unmittelbarer Nähe des Matzleinsdorfer Platzes befand sich der Heu- und Strohmarkt (heute Theodor-Körner-Hof). Das Foto stammt aus dem Sommer 1936.

Bis nach Ende des Zweiten Weltkrieges wurden Haustiere in den Hinterhöfen gehalten, die Heu und Stroh als Futter und Streu benötigten. Das Foto entstand im Sommer 1936.

Auf dem Gelände des Heu- und Strohmarktes können wir dem regen Treiben am Obst- und Gemüsemarkt zuschauen, Sommer 1936.

Das 1923 gegründete Margaretner Orpheum in der Reinprechtsdorfer Straße / Ecke Siebenbrunnenfeldgasse wurde im Zweiten Weltkrieg zerstört und danach abgetragen. Es war ein Vergnügungsetablissement, in dem Volksstücke, Operetten, Varieté-, Revue- und Artistenaufführungen gezeigt wurden. Der Blick fällt auf die Rückseite des Gebäudes.

Radfahrertreffen hinter dem Margaretner Orpheum. Im Hintergrund sind Gebäude der Reinprechtsdorfer Straße zu sehen.

Mitglieder des Margaretner Arbeiter-Radfahrer-Klubs „Einigkeit" stellten sich für ein typisches Gruppenfoto auf.

Auf dem Gelände des ehemaligen Heu- und Strohmarktes und des Margaretner Orpheums wurde der Theodor-Körner-Hof errichtet, eine Anlage in neun Baugruppen mit einem zwanzigstöckigen Hochhaus. Dieses wurde 1954 nach Plänen der Architekten Ladislaus Hruska und Kurt Schlauß erbaut. Das 60 Meter hohe Gebäude war das erste Wohnhochhaus der Gemeinde.

Vom Lokal im letzten Stockwerk und einer Aussichtsterrasse auf dem Dach des „Südturms" hatte man einen herrlichen Ausblick auf die Umgebung. Die Aufnahme entstand um 1955.

Die alte Matzleinsdorfer Kirche St. Florian, im Volksmund „Rauchfangkehrerkirche" genannt, war ein schlichter Barockbau, der 1725 vollendet wurde. Er befand sich auf der Wiedner Hauptstraße auf Höhe der Hausnummer 105.

Am 30. August 1965 wurde die inmitten der Straße stehende Kirche nach heftigen Diskussionen aus Rücksicht auf den Verkehr abgetragen, nachdem zuvor die neue Matzleinsdorfer Kirche fertig gestellt worden war.

Die 1930 entstandene Aufnahme zeigt Mitglieder der Pfarre St. Florian an einem kirchlichen Festtag.

Die Fronleichnamsprozession zog in den Dreißigerjahren über die Wiedner Hauptstraße.

Die in den Hinterhöfen der Matzleinsdorfer Straße 52 abgestellten Fuhrwerke waren für die Kinder ein idealer Spielplatz, 1902.

Im Vordergrund sind einstöckige Wohnhäuser, die um die Mitte des 19. Jahrhunderts entstanden, zu sehen, im Hintergrund Zinshäuser im Stil der Gründerzeit. Das Bild zeigt die Matzleinsdorfer Straße im Jahre 1904.

53

Der Fotograf fing diese „Hinterhofidylle" in der Matzleinsdorfer Straße 14, heute Wiedner Hauptstraße, um 1903 ein.

Dieses um 1904 entstandene Foto zeigt das Gasthaus „Zu den drei Hakeln" in der Matzleinsdorfer Straße 48, heute Wiedner Hauptstraße 130.

Auf dem Gebiet des heutigen Matteottihofes gab es Kleingärten – Schrebergärten genannt –, auf denen kleinere und größere Häuschen standen, in denen die Besitzer Geflügel- und Kleintierzucht betrieben.

Die Kleingärtner organisierten sich in den Siedlungen und wurden von der Gemeinde Wien durch Subventionen, Nichtbesteuerung und Zuleitung von Nutzwasser unterstützt. An Pacht zahlte man zehn Heller pro Quadratmeter. Nach dem Krieg verloren die Kleingärten an ernährungswirtschaftlichem Wert und wandelten sich zu Erholungsstätten.

Auf dem Brachland waren auch Spielplätze und Schulgärten angelegt worden, wie diese Aufnahme um 1918 zeigt.

In den Jahren des Ersten Weltkriegs trieb die Sorge um Nahrung die Menschen an, aus jeder Staubwüste Kulturland zu schaffen, auf dem Gemüse und Kartoffeln angebaut werden konnten. Es entstanden unzählige kleine Gärten, die von Arbeitern und Geschäftsleuten in ihrer freien Zeit betreut wurden, 1929.

Die städtische Wohnhausanlage Metzleinstaler Hof am Margaretengürtel 90-98 wurde in den frühen Zwanzigerjahren errichtet und nach dem bereits 1305 erwähnten historischen Flurnamen Metzleinstal, der später zu Matzleinsdorf wurde, benannt. Es ist dies der erste Wohnhausbau der Gemeinde Wien, der im Zuge des Ankaufs und der nachfolgenden Verbauung des Draschegürtels entstand.

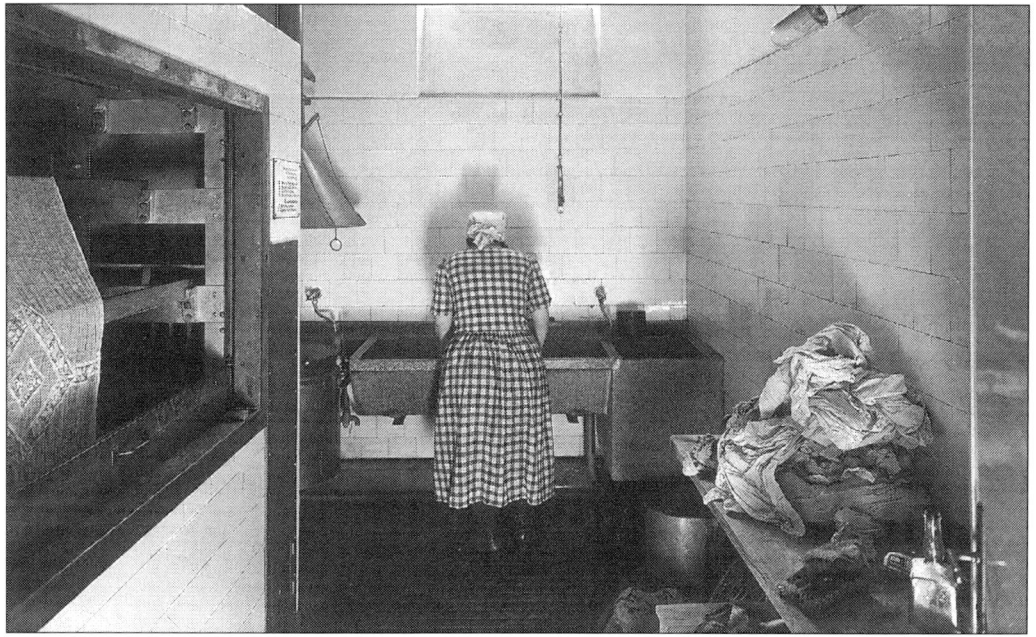

Den Bewohnern des Metzleinstaler Hofes stand eine Zentralwäscherei zur Verfügung.

Im Zuge der Verbauung des so genannten Draschegürtels wurde nach Plänen des Architekten Hubert Gessner der Reumannhof am Margaretengürtel 100-110 mit 483 Wohnungen von 1924 bis 1926 erbaut. Typisch für den Bau sind die funktionslosen vorgezogenen Laubengänge mit Pavillons, die den Ehrenhof mit einem überhöhten Mittelteil gegen die Straße hin abschließen.

Im Hof vor dem zurückgesetzten Haupttrakt befindet sich die Bronzebüste des ersten sozialdemokratischen Bürgermeisters von Wien, Jakob Reumann. Der gelernte Drechsler versah sein Amt von 1919 bis 1923. Bereits vor dem Ersten Weltkrieg hatte er immer wieder die Forderung nach dem Bau billiger und gesunder Wohnungen erhoben, als Bürgermeister begann er dann das kommunale Wohnbauprogramm aus Mitteln der Wohnbausteuer zu verwirklichen.

Im Reumannhof war nicht nur ein Kindergarten untergebracht, im Innenhof befand sich auch ein Plantschbecken für Kinder.

Als 1934 der Bürgerkrieg ausbrach, kam dem Reumannhof als Hauptstützpunkt des Republikanischen Schutzbundes eine zentrale Funktion zu. Am 12. Februar 1934 brachen hier um 14 Uhr die Kämpfe aus, als Polizeieinheiten versuchten, die Tanzschule im Reumannhof zu stürmen, wo sich Schutzbündler verbarrikadiert hatten. Das Feldjägerbataillon zu Rad Nr. 4 besetzte den Gemeindebau.

Der Matteottihof in der Siebenbrunnenfeldgasse 28-32 umfasste 334 Wohnungen, 13 Geschäftslokale, sechs Werkstätten und fünf Magazine. Jede Wohnung hatte einen eigenen Wasseranschluss, ein eigenes Sturzklosett, einen Gaskochherd, elektrisches Licht und einen Koksheizofen. Zu jeder Wohnung gehörten auch ein Boden- und ein Kellerabteil. 195 Wohnungen waren mit einem Balkon, einer Laube oder einer Terrasse ausgestattet.

Den Bewohnern stand eine Zentralwaschküche mit Warm- und Kaltwasserzufuhr, 48 Trögen und Waschkesseln, 64 Trockenkulissen, zwölf Zentrifugen, sechs Waschmaschinen und zwei Bügelmaschinen zur Verfügung.

Der nach Plänen der Architekten Heinrich Schmid und Hermann Eichinger erbaute Wohnbau wurde am 17. Juni 1928 festlich eröffnet. Eine beinahe beängstigend große Menschenmenge wohnte den Festreden, den Platzkonzerten und einem Fackelzug bei.

Bürgermeister Karl Seitz, das offizielle Wien, Festgäste aus Italien und Hamburg waren zum Festakt gekommen.

Auch für die Kinder war die Eröffnung ein Freudentag.

Der Matteottihof wurde nach dem General-sekretär und Abgeordneten der italienischen Sozialistischen Partei, Giacomo Matteotti, benannt, der nach einer im Parlament gehal-tenen Rede gegen die faschistische Herr-schaft in Rom ermordet wurde. Auf einer 1931 gestifteten Gedenktafel greift sich der todwunde Matteotti mit der linken Hand ans Herz, während er mit der Rechten schwört: „Ihr tötet mich – aber nicht die Idee, der ich diene."

Während der zweiten Arbeiterolympiade im Jahre 1931 war ein Teil der Besucher im Matteottihof untergebracht: 70 Ungarn, zehn Reichsdeutsche, zwei Engländer und 75 Kinder aus der österreichischen Provinz.

Im Herbst 1932 fand eine Großkundgebung, die gegen den Faschismus gerichtet war, im Matteottihof statt. Genossen aus Margareten, Meidling und Favoriten nahmen daran teil.

Die Straßenbahnlinie 118 fuhr von der Josefstädter Straße bis zur Stadionbrücke. Im Hintergrund ist der Metzleinstaler Hof zu sehen.

Der erste druckknopfgesteuerte Fußgängerübergang wurde auf dem Margaretengürtel bei der Fendigasse 1957 in Betrieb genommen.

Zur Erinnerung an den Namensgeber der Wohnhausanlage Franz-Domes-Hof ist an der linken Hofwand ein Reliefporträt des Politikers, Gewerkschafters und Mitglieds des Parteivorstandes der Sozialdemokratischen Partei angebracht. Domes war gelernter Schlosser. Er hatte wesentlichen Anteil am Zustandekommen des Achtstundentag-Gesetzes, des Betriebsräte- und Arbeiterurlaubsgesetzes sowie des Arbeiterkammer- und Arbeitslosenversicherungsgesetzes.

Bürgermeister Seitz eröffnete am 28. Juni 1930 den Franz-Domes-Hof am Margaretengürtel 126-134.

An der Hauskante zum Vorhof des Franz-Domes-Hofes befindet sich der von Mario Petrucci 1952 gestaltete Lichtbringer mit dem Spruch „Licht in der Wohnung – Sonne im Herzen".

Der Julius-Popp-Hof am Margaretengürtel 76-80 umfasst 402 Wohnungen und wurde 1925 nach Plänen von Schmid und Aichinger auf dem Draschegürtel errichtet. Es handelt sich um eine geschlossene Hofanlage, die mit dem Herweghhof eine Einheit bildet.

Diese Aufnahme lässt uns am Frühlingsfest im Julius-Popp-Hof teilnehmen, das am 9. Juni 1928 gefeiert wurde.

Der Bären- oder Sternbilderbrunnen zwischen dem Julius-Popp-Hof und dem Herweghhof – 1928 von Hanna Gärtner geschaffen – zeigt eine spielende Bärenmutter mit Bärenkind. Am Brunnentrog sind Tierkreiszeichen dargestellt.

Dieses Gemälde an der Wand eines Gasthauses in der Siebenbrunnenfeldgasse 3 stellt Herrn Dippolt dar, der am 7. Juli 1889 mit zwei Pferden in 17 ½ Tagen nach Paris fuhr. Nach einem zweitägigen Aufenthalt trat er die Rückreise an. Bei der Demolierung des Hauses ging diese Wandmalerei verloren.

Dieser Gemischtwarenladen befand sich in der Fendigasse 22.

4

Reinprechtsdorf

Reinprechtsdorf wurde erstmals 1270 genannt. Es verödete im Spätmittelalter, der Name blieb als Flurbezeichnung erhalten. Die Vorstadt entwickelte sich entlang der Schönbrunner Straße im Bereich zwischen Groh- und Spengergasse. Erst mit dem Erwerb der Grundherrschaft über Matzleinsdorf und damit auch über einen Teil von Reinprechtsdorf durch den Wiener Magistrat 1727 entstanden an der Margaretenstraße die ersten Häuser.

Wien, V. Siebenbrunnenplatz.

Zur Erinnerung an die ehemalige Siebenbrunner Wasserleitung und zu Ehren des Bürgermeisters Dr. Karl Lueger wurde 1904 der Siebenbrunnen errichtet. Oberhalb der Wappen der Vorstädte, aus denen der Bezirk entstanden ist, und der sieben Wasserläufe der ehemaligen Siebenbrunner Wasserleitung sitzt auf einem Steinsockel Vindobona mit gekröntem Haupt, ihre linke Hand auf das Wappen von Wien gestützt. Darunter befindet sich das Reliefbild Luegers.

Der Blick führt von der Reinprechtsdorfer Straße zum Siebenbrunnenplatz, um 1930.

Die Aufnahme entstand um 1900, sie zeigt das Eckhaus Reinprechtsdorfer Straße und Siebenbrunnenplatz.

Der erste Totogewinn ging im November 1949 in die Brandmayergasse 4, an Familie Reichl. Im Bild Frau Reichl mit Sohn am Siebenbrunnenplatz.

Die Aufnahme führt den Blick vom Siebenbrunnenplatz über die Reinprechtsdorfer Straße die Siebenbrunnengasse entlang. Im Vordergrund ist Herr Schabmann als Kind zu sehen, 1944.

Wien, V., Rampersdorfergasse 52.
K. k. Staats-Unterrealschule.

Der starke Andrang zu den Realschulen, der sich Anfang der Siebzigerjahre des 19. Jahrhunderts bemerkbar machte, veranlasste Kaiser Franz Joseph, 1875 die Errichtung einer Unterrealschule im 5. Bezirk in der Ramperstorffergasse 52 zu genehmigen. Die Korrespondenzkarte von 1901 zeigt die alte „Reinprechtsdorferschule".

Mit Beginn des Schuljahres 1903/04 übersiedelte die Unterrealschule, das heutige Haydn-Gymnasium, in ein neu erbautes Haus in der Reinprechtsdorfer Straße 24-26.

Die 1887 in Wien mit Sonntagsvorträgen des „Wiener Volksbildungsvereines" einsetzende Volksbildungstätigkeit diente der Vermittlung von Wissen und Kunst für alle Bevölkerungsschichten. Dezentralisiert entstanden in Wien zahlreiche Volkshochschulen, die älteste ist das Volksbildungshaus in der Stöbergasse 11-15, das 1909 eröffnet wurde.

Jugendliche Besucher vor den drei großen Toren, durch die man das Volksbildungshaus betrat. Die Aufnahme entstand 1924.

Vom geräumigen Vestibül des Volksbildungshauses führten rechts und links breite Treppen zum großen Saal, wie die Aufnahme um 1950 zeigt.

Im großen Saal des Volksbildungshauses mit 550 Sitzen fanden täglich Theater- und Kinovorführungen oder musikalische Darbietungen zu sehr niedrigen Preisen statt. Die Aufnahme stammt aus den Jahren um 1950.

Richard Högner inszenierte 1936 die Operette „Der gütige Antonius" von Jara Benes im Volksbildungshaus.

Das Volksbildungshaus enthielt eine Leihbibliothek, die nach einer Säuberungsaktion der nationalsozialistischen Kulturpolitik noch einen Bestand von 5.500 Bänden aufwies.

Die Eröffnung der Ausstellung des Zeichenkurses von Prof. Wawra im Volksbildungshaus durch den Altbürgermeister Jakob Reumann (Zweiter von links, rechts daneben Bezirksvorsteher Rister und der Kursleiter Maler Josef Wawra), 1924.

Im Volksbildungshaus wurden zahlreiche Vernissagen veranstaltet, deren Besuch kostenlos war. Hier die Arbeiten des Lehrkurses für Malerei, Plastik, Grafik und Kunstgewerbe unter der Leitung des akademischen Malers Josef Wawra, die 2.000 künstlerische Werke umfassten.

Das Bild zeigt, dass der Lehrkörper der Volksschule Vogelsanggasse in den Zwanzigerjahren weiblich dominiert war.

Blick in ein Klassenzimmer der ersten Volksschulklasse.

Die Aufräumungsarbeiten nach dem Zweiten Weltkrieg konnten so zügig durchgeführt werden, dass Margareten bereits 1946 als erster Wiener Bezirk schuttfrei war. Das Bild zeigt den Heinehof in der Stöbergasse 16, durch Bombenschäden demoliert, aufgenommen Anfang Mai 1946.

Die Ansichtskarte zeigt Alois Scheibenpflugs Restauration „Zum Landsturm" in der Spengergasse 1, um 1900.

Landwehr-Kaserne, Siebenbrunnengasse.

Das Landwehrmonturdepot (Spengergasse 20, Siebenbrunnengasse 35, Stolberggasse 40) wurde 1889 von Franz R. Gruber erbaut. Das Objekt beherbergte ein Magazingebäude, Kanzleien sowie Offiziers- und Mannschaftswohnungen, ein Werkstättengebäude und eine Landwehrkadettenschule.

Seit 1920 ist in allen vier Gebäuden des ehemaligen Landwehr-Ausrüstungsdepots die Höhere Bundeslehr- und Versuchsanstalt für Textilindustrie untergebracht.

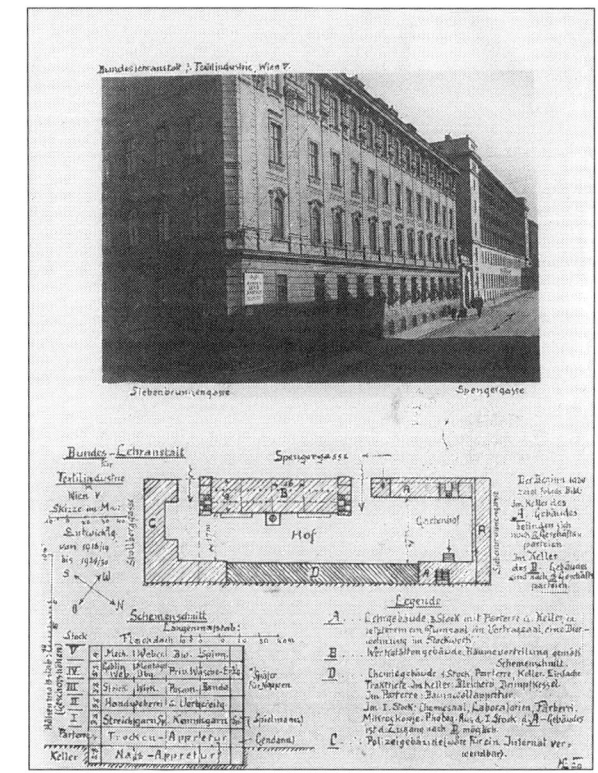

Die Aufnahme zeigt Arbeiter der Bäckerei Hager Ecke Wimmer- und Stolberggasse.

An der Ecke Wimmer- und Jahngasse konnte man in Georg Dormanns Gasthaus „Zum lustigen Radfahrer" einkehren, um 1930.

Die Wirkwarenfabrik Bernhard Altmann befand sich in der Siebenbrunnengasse 21. Das Büro- und Fabrikgebäude erbaute 1914 Julius Deiniger, die Fabrikbauten wurden 1924/25 errichtet und 1949/50 erweitert. Die Aufnahme entstand 1930 in der Wirkerei.

Die Aufnahme lässt erkennen, dass hauptsächlich Frauen in der Wirkwarenfabrik Bernhard Altmann beschäftigt waren. Sie zeigt den Versandraum, um 1930.

Als Ersatz für die aufgelassene Doppelbürgerschule in der Koflergasse wurde von 1881 bis 1884 am Bacherplatz eine gleichwertige Schule errichtet.

Als die John-Nuner-School in South Bends, Indiana, USA 1948 für die städtische Hauptschule für Knaben in der Viktor-Christgasse 24 die Patenschaft übernahm, fand im Turnsaal eine große Feier statt. Zahlreiche Festgäste bewunderten die jungen Schauspieler, die hier die neun Bundesländer verkörpern.

Festkundgebung des „Roten Wien" im Eiselsberghof am Bacherplatz 4 im Jahre 1951 mit dem Slogan „Wähle rot, dann baut man zum Lohne Wohnungen mit Licht, Luft und Sonne." Die städtische Wohnhausanlage mit 56 Wohnungen wurde von 1948 bis 1950 vom Otto-Wagner-Schüler Otto Schönthal errichtet.

Um Geld für die Rettungsgesellschaft zu sammeln, fand am 1. Juni 1924 im Bacherpark ein Benefizkonzert statt.

Die Aufnahme wurde an der Kreuzung Arbeitergasse und Reinprechtsdorfer Straße gemacht.

An der Ecke Ramperstorffergasse und Griesgasse, die heutige Margaretenstraße, befand sich das Geschäft von Anton Lembacher. Die Aufnahme entstand um 1901.

5

Hundsturm

1408 fand die Hundsmühle in der Scheibenried erstmals Erwähnung, 1632 wird Hundsturm erstmals genannt. Die seit dem 17. Jahrhundert entlang der Schönbrunner Straße und dem Margaretengürtel entstandene Siedlung leitet ihren Namen angeblich von einem vom Kaiser Matthias für seine Jagdhunde (Rüden) errichteten turmartigen Gebäude (Rüdenhaus) ab, an Stelle dessen 1672 das Schloss Hundsturm errichtet wurde, das 1885 abgetragen wurde. 1842 kam Hundsturm durch Kauf an die Gemeinde Wien.

Der Blick führt zur Hundsturmer- (Schönbrunner-)Linie mit den bis 1891 verwendeten beiderseitigen Linienamtshäusern und der Linienkapelle, um 1901. Die 1877 eröffnete Pferdebahn führte bis zum Hundsturm, wurde 1885 nach Schönbrunn verlängert und 1902 durch eine elektrische Bahn ersetzt.

Mit der Anlage des Linienwalls 1704 erbaute man an den wichtigsten Straßenzügen, die den Wall überschritten, Tore, Mauthäuschen und Linienkapellen, die alle dem Brückenpatron, dem heiligen Johann von Nepomuk, geweiht waren. Die an der Hundsturmer Linie 1759 erbaute barocke Kapelle war ursprünglich von acht lebensgroßen Heiligenstatuen flankiert. Die Aufnahme wurde im Januar 1902 nach der Demolierung des Linienamtshauses gemacht.

Blick von der Stadtbahn auf den 1908 eröffneten St.-Johann-Park und auf die Schönbrunner Straße. Besonders markant ist das späthistorische Miethaus mit seinem mächtigen, burgartigen Eckturm.

Im St.-Johann-Park befand sich im Winter ein Eislaufplatz. Rechts davon sind der Gürtel und der 12. Bezirk zu sehen.

Viele Maskierte tummelten sich auf dem Eis, wenn auf dem Eislaufplatz im St.-Johann-Park in der Faschingszeit Kostümfeste abgehalten wurden. Die Aufnahme stammt vom Ende der Zwanzigerjahre.

Das Faschingsfest lockte nicht nur Eisläufer an, auch Zuschauer und Kommunalpolitiker statteten der Veranstaltung einen Besuch ab.

Der Architekt und Schüler Otto Wagners Hubert Gessner und die Allgemeine Österreichische Baugesellschaft für den Verein der Eisenbahner erbauten 1912/13 dieses Wohnhaus.

Nach der Zerstörung baute Architekt Scheibl das Eisenbahnerheim verändert wieder auf. An der Fassade ist ein Relieffeld zu sehen, das eine Kranz tragende Frau, eine Lokomotive und ein Viadukt enthält, versehen mit der Inschrift: „Eisenbahnerheim erbaut 1912-13. Durch Bomben zerstört. Am 10. September 1944. Wiederaufgebaut 1945-46."

Im Erdgeschoss befand sich das „Café Eisenbahnerheim", in dem Gäste die wichtigsten Tagesblätter und Illustrierten des Inlands und Auslands lesen konnten.

Während der Monarchie ließ man Buben
gerne in der Uniform eines Kaiserjägers
abbilden. Hier sieht man Ferdinand Teuber,
wohnhaft in der Bräuhausgasse, um 1915.

Die Aufnahme zeigt den Gasthof „Zum Stern" mit großem Gastgarten in der Johannagasse 2,
um 1926.

Auf dem Areal Einsiedler- und Diehlgasse befand sich eine Knaben- und Mädchen-Volksschule. Die Diehlgasse 2 war für Mädchen, die Einsiedlergasse 7 für Knaben zuständig.

Ausflüge waren zu jeder Zeit beliebt. Hier besuchte eine Schulklasse der Volksschule Diehlgasse Schönbrunn, 1928. Zweite von links in der ersten Reihe ist Hermine Wahringer, geborene Czeika.

Das Foto wurde auf dem Markt am Hundsturm gemacht. Im Vordergrund ist eine Fischhandlung zu sehen, Frühjahr 1925.

Um dem Bade- und Reinigungsbedürfnis breiter Volksschichten Rechnung zu tragen, errichtete die Gemeinde Wien seit 1887 städtische Volksbäder als Brause- und teilweise auch als Wannenbäder. Im 1890 erbauten Einsiedlerbad wurde eine Sauna eingebaut, die im September 1979 ihren Betrieb aufnahm.

Wurde ein Gasthaus fotografiert, so beeilten sich Inhaber, Personal, Gäste und Passanten, aufgenommen zu werden. Die Aufnahme zeigt Rabls Gasthaus „Zur Post" in der Einsiedlergasse.

Diese Original-Streckenkarte der Linie 63 aus dem Jahre 1922 war ausgestellt für Herrn Franz Brichter, wohnhaft in der Schönbrunner Straße 97.

Im Garten, der zur Schönbrunner Straße 94 gehörte, wurden während des Krieges Paradeiser und Erdäpfel angebaut, Hasen gezüchtet, Marillen und Kirschen von den Obstbäumen geerntet. Er gehörte der Familie Jerabek, 1940.

Zahlreiche Gäste erfreuten sich am Faschingsumzug, der sich durch die Schönbrunner Straße bewegte, 1928.

Faschingsumzug in der Schönbrunner Straße, 1928.

Die Aufnahme zeigt die Schönbrunner Straße auf Höhe der Nevillegasse mit dem beliebten „Café Fenstergucker", um 1930.

Die Heimat entdecken!

Von Kiel bis Wien,
von Aachen bis Görlitz:
Entdecken Sie Alltagsgeschichten
aus Ihrer Heimatstadt!

Leben in der Großstadt …

Tauchen Sie ein in das quirlige Großstadtleben vergangener Tage. Spazieren Sie über breite Boulevards und stürzen Sie sich ins Nachtleben. Erkunden Sie ihre Stadt durch die Fensterscheiben einer Straßenbahn oder des ersten Käfers und bewundern Sie prächtig geschmückte Schaufenster.

... und ländliche Idylle

Wie sah das Leben in Ihrer Heimat aus, als die Bauern noch mit Pferden pflügten und jedes Dorf seinen eigenen Schmied hatte, jeder noch jeden kannte und das Leben sich zwischen Kirche, Wirtshaus und Wohnküche abspielte?

Erinnerungen an die Schulzeit …

Erinnern Sie sich noch an die Zeiten von Abakus und Schiefertafel, an Klassenausflüge oder den ersten Taschenrechner? Blicken Sie zurück auf große Klassen und gestrenge Schulmeister, entdecken Sie auf Klassenfotos Freunde und Bekannte von früher!

… und das Arbeitsleben

Entdecken Sie, wie sich das Arbeitsleben in den letzten hundert Jahren verändert hat. Werfen Sie einen Blick in Fabrikhallen, blicken Sie Handwerksmeistern bei ihrer Arbeit über die Schulter und erinnern Sie sich an den Einkauf im Tante-Emma-Laden.

Gesellige Stunden im Verein …

Fußballclub und Schützenverein, Musikkapelle und Gesellenverein: Schauen Sie zurück auf Volksfeste und Turniere, Chorproben oder Prunksitzungen. Erinnern Sie sich an schöne Stunden und das gesellschaftliche Leben in Ihrer Heimat.

... und im Familienkreis

Werfen Sie einen Blick in die Wohnzimmer vergangener Tage und entdecken Sie, wie sich zwischen schweren Eichenmöbeln, Nierentischen und Ikea-Regalen der Alltag verändert hat. Erleben Sie Familienfeiern und Weihnachtsfeste im Wandel der Jahrzehnte mit.

Alltagsgeschichte in historischen Fotos
zu über 1000 Regionen, Städten und Gemeinden

Bestellen Sie jetzt
Ihr persönliches Exemplar auf

www.suttonverlag.de

Zeitfracht Medien GmbH
Ferdinand-Jühlke-Straße 7
99095 Erfurt, Deutschland
produktsicherheit@kolibri360.de

Druck:
CPI Druckdienstleistungen GmbH
im Auftrag der
Zeitfracht Medien GmbH
Ein Unternehmen der Zeitfracht - Gruppe
Ferdinand-Jühlke-Str. 7
99095 Erfurt